Mit freundlicher Unterstützung durch:

Mit herzlichem Dank an folgende Freunde,
die das Projekt begleitet haben:
Doris Lecher
Hanspeter Reimann
Magdalena Schmid
Thomas Baumgartner

Carlitos
© Baeschlin, Glarus 2021
Ein Verlag der Lesestoff-Gruppe
Gestaltung: AS Grafik, Urs Bolz
Projektleitung & Lektorat: Baeschlin, Piroska Szönye
Korrektorat: Baeschlin, Julie Hitz
Druck und Bindung: Grafisches Centrum Cuno, Calbe
ISBN: 978-3-85546-374-9
Alle Rechte vorbehalten.

Besuchen Sie uns im Internet: www.baeschlinverlag.ch

Baeschlin wird vom Bundesamt für Kultur
für die Jahre 2021–2024 unterstützt.

Produziert mit Materialien aus nachhaltiger Forstwirtschaft
und mit lösungsmittelfreier Farbe gedruckt.

Susanne Baer, 1951 in Zürich geboren und dort aufgewachsen,
hat schon einige Illustrationen, Texte und Lieder veröffentlicht.
Dabei ist es ihr wichtig, mit offenen Augen die Welt zu entdecken
und das Auffällige wie auch das Unscheinbare wahrzunehmen.
Sie arbeitete als Kindergärtnerin und Lehrerin, hat zwei erwachsene
Töchter und zwei Enkelkinder und wohnt in Mettmenstetten.

Musik: Hanspeter Reimann, 1952 in Glarus geboren und in Zürich
aufgewachsen, ist Musiker und Komponist. Seine vielfältige Werkliste
ist über die Grenzen hinaus bekannt. Er arbeitete bis 2008 als
Leiter der Musikschule Brugg, wanderte danach nach Brasilien aus,
wo er seither als freier Musiker wirkt. Er hat mit Texten von
Susanne Baer schon viele Kinderlieder komponiert.

Susanne Baer

Carlitos
sucht einen Freund

BAESCHLIN

Draussen zwischen Wildrose, Hartriegel und Berberitzen tummeln sich die Spatzenkinder. Alle, nur Carlitos nicht. «Carlitos, komm spiel mit uns», tschilpen sie.

Doch Carlitos mag nicht spielen. Das ständige Gezwitscher und Tschilpen der vielen Spatzen ist ihm heute einfach zu viel, zu laut und zu lebhaft.

Carlitos hört von Ferne den wunderbaren
Gesang einer Amsel, der alle verzaubert.
Etwas so Schönes hat er noch nie zuvor gehört.
Carlitos flattert zur Linde. Von hier sieht er
die Amsel auf der alten Scheune.

Er zwitschert: «Ich bin jung, ich bin klein,
möchte nicht alleine sein. Liebe Amsel,
hör mir zu, ich suche einen Freund,
der ist wie du!»

Zuerst ist Carlitos enttäuscht, dann traurig und auch ein wenig wütend.

«Tschilp-tschilp, tschilp-tschilp,
das kann ich nicht, ich bleibe dennoch heiter,
tschilp-tschilp, tschilp-tschilp, ich gebe
nicht auf, ich suche einfach weiter!»

Am See sieht Carlitos einen prächtigen Erpel übers Wasser
schwimmen. Wie schön wäre es, einen Freund zu haben,
der so gut schwimmen kann. Er sagt zu ihm: «Lieber Erpel,
hör mir zu, ich suche einen Freund, der ist wie du!»

Doch der Erpel schüttelt die letzten Wassertropfen aus seinen Federn
und schnattert: «Ach was, du frecher Spatz, bleib du an deinem Platz!
Kannst du denn schwimmen so wie ich?»

Mutig hüpft Carlitos mit seinen kurzen Spatzenbeinchen ins Wasser.
Doch schon nach der ersten Welle weiss er nicht mehr, wo oben und unten ist.

«Nein, nein, du bist kein Freund für mich!», quakt der Erpel, watschelt zurück ins Wasser und schwimmt davon.

«Tschilp-tschilp, tschilp-tschilp, ich gebe nicht auf, ich suche einfach weiter!»

Im Schilf entdeckt Carlitos ein Blässhuhn. Doch plötzlich
sind nur noch Ringe auf dem Wasser zu erkennen.
Wo ist es denn jetzt geblieben? Nach einiger Zeit taucht es wieder auf.
Carlitos ist begeistert und zwitschert: «Liebes Blässhuhn,
hör mir zu, ich suche einen Freund, der ist wie du!»

Das Blässhuhn schaut Carlitos verwundert an und piepst:
«Ach was, du frecher Spatz, bleib du an deinem Platz,
kannst du denn tauchen so wie ich?»

Carlitos taucht sein Spatzenköpfchen in den See,
doch er kann nicht lange unter Wasser bleiben.
Er japst und schnappt nach Luft.

«Nein, nein, du bist kein Freund für mich!»,
erwidert das Blässhuhn, taucht unter und verschwindet.

«Tschilp-tschilp, tschilp-tschilp, ich gebe nicht auf,
ich suche einfach weiter!»

Plötzlich hört Carlitos einen Trommelwirbel.
Was mag das wohl sein? Es ist ein Buntspecht,
der mit seinem kräftigen Schnabel gegen
den Baumstamm trommelt und Insekten
und Raupen unter der Rinde hervor pickt.
Mit Krallen und Schwanz klettert er immer
weiter in die Höhe.
Carlitos ist beeindruckt. «Lieber Buntspecht,
hör mir zu, ich suche einen Freund, der ist wie du!»
Der Buntspecht lacht: «Ach was, du frecher Spatz,
bleib du an deinem Platz! Kannst du denn
trommeln so wie ich?»

Carlitos versucht den Stamm hochzuklettern,
doch seine kleinen Spatzenkrallen sind zu kurz.
Plumps, schon liegt er im Gras.

Der Buntspecht zetert: «Nein, nein, du bist
kein Freund für mich!», und trommelt weiter.

«Tschilp-tschilp, tschilp-tschilp, ich gebe nicht auf,
ich suche einfach weiter!»

Es ist schon spät. Die meisten Vögel schlafen bereits.
Doch wer sitzt so still und geheimnisvoll auf dem Ast
der grossen Eiche? Carlitos weiss nicht, dass ein Waldkauz
für ihn gefährlich werden kann. Er lässt sich auf einem
nahen Ast nieder und tschilpt: «Lieber Waldkauz, hör mir zu,
ich suche einen Freund, der ist wie du!»

Der Waldkauz dreht verwundert seinen Kopf nach Carlitos um.
«Ach was, du frecher Spatz, bleib du an deinem Platz,
kannst du denn jagen in der Nacht?
Nein, nein, du bist kein Freund für mich! Verschwinde besser!
Kleine Vögel habe ich zum Fressen gern!»

Er trippelt auf Carlitos zu. Carlitos erschrickt.
Schnell flattert er davon und versteckt sich.
Vor Schreck erstarrt, wartet er, bis der
Waldkauz mit lautem «Schuhuuu» in der
Dunkelheit veschwindet.

«Tschilp-tschilp, tschilp-tschilp, ich gebe
nicht auf, ich suche einfach weiter!»

Am nächsten Morgen fliegt Carlitos zur alten Weide und setzt sich ganz oben auf einen dürren Ast. Mit lauten «hiäh-hihi-hiäh»-Rufen segelt ein Rotmilan über seinen Kopf hinweg. Carlitos wundert sich, wie er, ohne seine Flügel zu bewegen, über die Felder kreisen kann. Der Rotmilan hält auf seinem Flug Ausschau nach Futter. Eine Maus oder vielleicht auch ein kleiner Vogel?

Noch weiss Carlitos nicht, dass der Rotmilan ein Raubvogel ist. So laut er kann, zwitschert er zum Himmel hinauf:

«Lieber Rotmilan, hör mir zu, ich suche einen Freund, der ist wie du!»

Der Rotmilan schreit: «Ach was, du frecher Spatz,
bleib du an deinem Platz, kannst du denn segeln so wie ich?»

Carlitos setzt zu einer grossen Runde an. Er spreizt seine Spatzenflügel
zum Segeln weit auseinander – und stürzt jämmerlich zu Boden.
«Nein, nein, du bist kein Freund für mich!», trillert der Rotmilan
und segelt stolz davon.

«Tschilp-tschilp, tschilp-tschilp, ich gebe nicht auf,
ich suche einfach weiter!»

Zurück am See sieht Carlitos einen Storch elegant dem Ufer entlagschreiten. Hätte ich doch auch so lange Beine, denkt Carlitos. Er streckt sich, so gut er kann und spricht: «Lieber Storch, hör mir zu, ich suche einen Freund, der ist wie du!»

Der Storch klappert einige Male mit seinem Schnabel. «Ach was, du frecher Spatz, bleib du an deinem Platz, kannst du denn klappern so wie ich?»

Carlitos macht seinen kurzen Spatzenschnabel ganz schnell auf und zu, aber kein einziges «Klapp» kommt dabei heraus.

Carlitos flattert zurück zur Hecke mit Wildrose,
Hartriegel und Berberitzen. «Wo sind denn
die anderen Spatzen?», wundert er sich.
Nach einiger Zeit hört er in den Zweigen hinter sich
ein sanftes Rascheln und ein zartes «Tschilp-tschilp».

Ein wunderschöner kleiner Spatz hüpft
graziös in seine Nähe und dreht sein Köpfchen
nach Carlitos um.
Ein wenig verlegen piepst Carlitos: «Ich bin Carlitos,
bin jung und klein und möchte nicht alleine sein.
Wie heisst denn du?
Willst du mein Freund sein?»

Das Spatzenweibchen, das Carlitos schon
seit längerer Zeit beobachtet,
schaut ihn entzückt an und tschilpt:

«Ich heisse Carla! Dein Freund kann ich nicht sein,
aber vielleicht deine Freundin.»

Carlitos

Auch als Download unter: www.baeschlinverlag.ch › Carlitos

Erpel:
Ach was, du frecher Spatz!
Bleib du an deinem Platz!
Kannst du denn schwimmen, so wie ich?
Nein, nein -, du bist kein Freund für mich!

Specht:
Ach was, du frecher Spatz!
Bleib du an deinem Platz!
Kannst du denn trommeln, so wie ich?
Nein, nein -, du bist kein Freund für mich!

Rotmilan:
Ach was, du frecher Spatz!
Bleib du an deinem Platz!
Kannst du denn segeln, so wie ich?
Nein, nein -, du bist kein Freund für mich!

Blässhuhn:
Ach was, du frecher Spatz!
Bleib du an deinem Platz!
Kannst du denn tauchen, so wie ich?
Nein, nein -, du bist kein Freund für mich!

Waldkauz:
Ach was, du frecher Spatz!
Bleib du an deinem Platz!
Kannst du denn jagen, so wie ich?
Nein, nein -, du bist kein Freund für mich!

Storch:
Ach was, du frecher Spatz!
Bleib du an deinem Platz!
Kannst du denn klappern, so wie ich?
Nein, nein -, du bist kein Freund für mich!

Spatzenweibchen:
Oh ja, mein lieber Spatz!!
Komm her und nimm hier Platz!
Ich bin ein Weibchen, du ein Mann
Ich hätt' dich gern als Schatz, mein Spatz!